Víspera de nada

Víspera de nada

Ignacio Sánchez

UNIVERSITAT DE VALÈNCIA

Un jurado compuesto por Xelo Candel Vila, José Saborit Viguer y Lola Mascarell Ramiro, actuando como secretaria Ana M.ª Chillarón Huélamo, concedió a la presente obra el galardón correspondiente al XX Premio César Simón de poesía, organizado y patrocinado por la Universitat de València, con la colaboración del Ayuntamiento de Villar del Arzobispo y PUV.

© Ignacio Sánchez-Tembleque González, 2024
© De esta edición: Universitat de València, 2024

Publicacions de la Universitat de València
http://puv.uv.es
publicacions@uv.es

Coordinación editorial: Xelo Candel Vila

Diseño de la cubierta: Publicacions de la Universitat de València
Maquetación: Letras y Píxeles, S. L.

ISBN: 978-84-9133-663-1
Depósito legal: V-1172-2024

Impresión: Guada Impressors

Nuestro tiempo ha secado
sus semillas…

Basilio Sánchez

Ignacio Sánchez

I

I

Bajo la inmensidad
sedienta de la luz,
¿qué súplica se alza
en esta tierra sola?,
¿qué polvo para el viento?,
¿qué viento para el polvo?

II

Con qué inmediata claridad de infancia
se muestra ya este fruto,
con qué olvidada fe
nos trae hoy tanta luz
donde la luz termina.
Apenas ha bastado
el roce de su aroma para vernos
de nuevo sorprendidos de niñez,
de nuevo, como entonces,
desnudos de distancia.
Y tanta honda mordedura al fin,
tanto jugo en sazón
con su sabor tan claro,
¿son suyos o son nuestros?

El tiempo aquí está abriéndose
lo mismo que una herida.

III

En las tardes de lluvia,
a veces nos reunía en cualquier casa
aquel juego de mesa.
Después de sortear
los turnos, levantábamos
las fichas y empezaban a agolparse
de pronto las preguntas:
¿Es joven? ¿Tiene canas? ¿Tiene pelo?
Ganaba el que primero descubría
el personaje del rival. Escucho
aún aquellos nombres de la infancia,
igual que algunas noches
el miedo escucha pasos
de nadie en la escalera.
Y veo todavía nuestros rostros,
aquellos rostros nuestros, diluyéndose
en el cristal llovido de los días.
A través de la edad,
el nombre de aquel juego
me alcanza y me devuelve
con sorna su pregunta: *¿Quién es quién?*

IV

También es nuestro nombre
la huella de una ausencia,
el rastro de una voz que continúa
buscándose a sí misma.
Y en su inmovilidad, en su quietud,
ya suenan confundiéndose,
ya son indistinguibles
la vida y el vacío.
Igual que en esta foto, donde estamos
abrazados aún
delante de una extensa catarata.
Si la contemplo ahora,
si miro fijamente nuestros ojos,
ya no sé qué oquedad estoy mirando,
ya no sé qué paréntesis
de nada en el que todo se resume.
Pues también somos parte
de los que ya no somos,
también es nuestro el vano
de aquellos que ya nunca más seremos,
ya siempre confundidos con un fondo
fugaz de sorda espuma,
ya solamente agua
reunida que se abraza y que se adensa
hasta desenlazarse río abajo.
Y entre nosotros y nosotros, turbio,
cada vez más ajeno,
nuestro nombre.

V

Durante unos segundos,
no he visto en esta copia
de la llave de casa
nada más que una llave,
una llave cualquiera, sorprendida
en el fondo olvidado de un cajón,
extraña entre mis cosas.
Solo ha sido un momento,
apenas un instante y, sin embargo,
en ese tiempo casi imperceptible
en el que no he podido recordarla,
¿qué vacío profundo nos ha abierto?,
¿qué puerta de qué casa nuestra y última?

VI

Algunas veces suenan los relojes
parados del ayer
y vuelven confundiéndose,
ajenos en su ausencia, algunos días,
algunos nombres ya vacíos
o alguna canción fiel que duele como
mi propia luz de cuándo.
Y en la extrañeza asoma la verdad
de una imposible encarnadura,
de un abrazo imposible
entre aquello que fue
y todo esto que ya huye.
Nos nombran los recuerdos, pero somos
su propio olvido siempre y, al final,
no podemos reunirnos
en una única memoria, nunca
cabemos en nosotros, como el día
nunca puede agrupar
la lluvia ya caída y solo deja
señales, huellas, rastros desasidos.

VII

Es tarde para el frío
que quiere disputarnos
la savia de estos días,
es tarde ya para que venga ahora
a deshacer su luz
cuando apenas es humo y solo tiene
la forma de un recuerdo.

VIII

Está reunido todo en esta herida,
en esta larga víspera.
Y todo cabe ahora en la mirada
como cabe en cualquier espejo roto
el cielo inmenso de los días idos,
como caben también
el pálpito del surco y la semilla
en el barbecho viejo,
la feraz esperanza
del dolor aventado entre la luz.
Sin embargo, es muy pronto para abrir
la casa en sombra y ventilar los días,
de poco sirve hoy
el desperezo tímido del aire
en la mañana clara;
pues todo sigue estando, igual que ayer,
detenido en sí mismo.
Espera,
espera todavía hasta que brote,
con la serenidad
y con la aceptación de lo que es cierto,
todo aquello que ya
es tan solo su ausencia.

IX

Ya es parte indistinguible de esta ropa
olvidada en un hoyo del camino
tanta tierra adherida.
Sin tregua, acumulándose
primero con la lluvia
y después con el barro ya reseco,
pacientemente teje su labor
en la labor del hombre,
su abrigo generoso para el frío
final de nuestra ausencia.

X

Sobre los restos fríos de la noche,
qué azul ya se insinúa más allá
de las últimas calles,
qué alba más allá de las afueras
mientras el día avanza,
se adensa en el añil,
enciende los caminos.
Y está mostrando ahora
su verdad en su huida
como si todo terminara siendo
su propia fuga siempre,
como si solo viéramos las huellas
ardidas de las horas,
lo mismo que al mirar
el viento solo vemos
la rama estremecida de su paso.

XI

Feraz el que respira
la anchura del instante,
su sola plenitud,
y encuentra la certeza
humilde de sí mismo en todo aquello
que tiene alrededor.
Y pisa firme su camino y siente
su propia levedad como una dádiva.
Y apura cada palmo
de luz, cada minuto,
pues sabe que la efímera
sazón de su pisada solo deja
una huella de nadie.

XII

Tantos copos y son
apenas este baile tan liviano.
Tranquilos a merced
del viento, en clara danza,
meciéndose en su propia levedad,
extienden en la noche
la grácil letanía de su brillo.
Y en la belleza lenta
y mansa de su vuelo,
en su sorpresa antigua y siempre virgen,
en su rumbo olvidado por el rumbo
de copos sucesivos,
nos dejan su lección:
esa serenidad con que sostienen
su luz en la ventisca hasta caer
y ser ya para siempre indistinguibles
en una sola y última blancura.

XIII

Apenas un tocón está mostrando
toda la desnudez
del tiempo en su oquedad
menesterosa.

XIV

En todas nuestras huellas
está nuestro destino:
en cada paso, en cada
mínimo paso, inadvertidamente,
dejamos de ser parte de nosotros
para ser solo parte del camino.

XV

A mi hija

Acaso nunca aprenderé a mirarte
porque en tus ojos siempre se reúnen
mis ojos olvidados,
igual que se reúnen en la luz
total de cada ola
las olas ya deshechas.

XVI

A través de la niebla,
¿qué luz porfía y crece
invisible en las ramas
heladas de febrero?

II

XVII

Velando un luminoso
de súbitas imágenes,
flamea ya tan viva,
tan cierta en su quietud,
la floración temprana de un almendro.

XVIII

… yo vengo a contarte,
mi vieja pared…

Luis César Amadori

Vieja pared de cal,
aún me ciegas
con todas tus mañanas,
aún siguen los años como entonces,
reunidos en tu lumbre
segura y maternal.
Has vuelto,
por un instante he visto
el patio aquel donde esperaba siempre,
con la fidelidad que solo guarda
el tiempo en la niñez,
tu luz humilde y jubilosa;
de nuevo has encendido
aquella clara altura del futuro.
Nos vence ya la tarde,
sin embargo,
y mi sombra ya puebla
tus ruinas, cada vez
alargándose más
igual que si estuviera
huyendo paso a paso de mí mismo.

XIX

Como un tachón
han brotado estas flores
aisladas en mitad
de la escombrera.

XX

Sobre este cauce seco,
destella todavía en la tersura
de sus cantos rodados la memoria
del agua pasajera,
la clara levedad
del tiempo reflejándose en su huida.
Profusos en el sueño
inmóvil de su calma, están mostrando
su lenta floración,
la desnudez humilde de su brillo
acumulado y hondo.
Más allá de los días,
más allá de las noches, reverberan
con una claridad ya solo suya,
con esa misma claridad indemne
que buscan las palabras.

XXI

Desde el envés de las primeras hojas
cobrizas del otoño,
la luz de la mañana
ya tiene ese color
distante y sumergido de un recuerdo.

XXII

Con estas tejas rotas,
desprendidas,
han caído también
las manos ya pretéritas
que hubieron de ordenarlas al cubrir
esta vieja techumbre.
Pacientes, recogiéndose,
ahuecándose aún,
como queriendo
preservar algo propio todavía,
cobijan, sin embargo,
solamente el vacío.

XXIII

Con sol bajo y sereno,
ha brillado un instante
la seca nervadura de una hoja
cobriza de castaño.
Traspasada de tiempo y de fulgor
bajo este cielo en calma de noviembre,
ha mostrado su trazo irrepetible
justo un momento antes de caer,
su clara arquitectura
donde ya solo hay aire,
su luz donde ya vuelve
a estar solo la luz.

XXIV

Quisieron encerrar
el cielo en cada templo,
guardar bajo la lumbre de las bóvedas
la lumbre de algún dios.
Sin embargo, a través
de los muros caídos,
el tiempo pasa ya como una burla
y es una sola claridad vacía.

XXV

Desde la rama seca,
partida y olvidada en el sendero,
qué luz se yergue con el alba ahora,
qué anhelo de qué savia ya perdida
parece redimirse con el brillo
temprano de este sol. Porque de pronto,
en un instante, al sostenerla inerte
y sucia entre mis dedos,
han vuelto destellando contra el día
la altura de su danza en el añil
inmóvil y vacío,
sus flores en el polvo acumulado
que ciega la corteza.

Y contra el tiempo aún,
dormido en el recuerdo,
su aroma en el aroma de un aroma.

XXVI

En el hueco dormido
y oscuro de estas trébedes,
ya solo sigue ardiendo la memoria
de aquel hogar de entonces,
ya solo nos reúne
el frío de su ausencia.
Y en lumbre vana vuelve,
en ascuas ateridas y olvidadas
entre el metal ya inútil,
solo, ciego de herrumbre.
Es nuestra su oquedad
atravesada
de tiempo y de ceniza,
también está en nosotros,
abierta para siempre en nuestros años.

Y alumbra en su vacío su recuerdo.
Y alumbra en su recuerdo su vacío.

XXVII

En un instante he visto,
encendida de pronto,
traspasada de alba,
esta cúpula rota,
abierta al frío aire de un otero.
Más allá de la edad
caída de sus ruinas,
más allá de la fe, qué desabrigo
tan nuestro ha iluminado
el sol entre dos nubes;
entre un vacío y otro,
qué frágil armazón.

XXVIII

En la cumbre más alta, todavía
rojiza entre la última
claridad de la tarde,
¿el día está alumbrando ese fulgor
crecido de la nieve o es la nieve
la que en verdad está
iluminando aún,
por un momento, el día?

XXIX

En la viruta pálida y rizada
de la madera muerta, ya se ven,
ajenas e incesantes,
las formas de la nube y del origen.

XXX

Oscura ya la tarde y abrasada
de claridad la flor del jazminero,
el aire es solo aroma. Y el aroma,
el humo de un recuerdo.

III

XXXI

Con qué vaivén febril
las golondrinas
pueblan de nuevo el aire
bajo la calma azul de la mañana.
Son esta inmediatez
sin rumbo de su vuelo,
la nervadura efímera
del giro
hasta que se repliegan
un momento en la sombra
de su nido de adobe. Pero vuelven,
sin que apenas podamos
seguir su rapidez, han vuelto ya
a huir de la quietud
esquiva de su nombre
para ser solo vuelo.
Y van y vienen siempre, y nunca dejan
de entrar y de salir,
como nosotros
en este frágil barro
de los días.

XXXII

A mi hija

La luz y la mañana están fundiéndose
con silenciosa entrega,
lo mismo que tu mano
y mi mano camino de la tarde.
Y todo cuanto he sido cabe ahora
en tu respiración
temprana y encendida,
igual que cabe el viento
entero en esta calle. Y todo adquiere
de nuevo la sorpresa,
la clara desnudez de tu mirada
mientras pueblan el aire nuestros pasos
y los oigo perderse entrelazándose.
Bajo el azul vivaz del mediodía,
aspiro en el instante
la hondura de su dádiva,
la limpia certidumbre
de no poder saber quién lleva a quién.

XXXIII

Esta flor del carrizo,
ahora tan altiva,
tan firme en el penacho de su llama,
¿cómo sabe entregarse,
cuando debe,
al viento que la niega?

XXXIV

Bajo el azul tan calmo en la mañana
limpia y honda de junio,
el sol está prendiéndose en el claro
pabilo de esta fuente, en su fluir
de trémulos destellos
donde escapa
el día en su estallido.

XXXV

¿Qué sol reunido y último de un tiempo
anterior a nosotros
brilla aún en los mimbres
de este cesto arrumbado?

XXXVI

En esta parva gota de resina,
en su densa quietud
plena de lumbre,
está asomando ya
todo el hervor de julio.

XXXVII

¿Qué manos permanecen
posadas desde cuándo en esta curva
tan lenta de la arcilla? Puedo verlas
moldeando el recuerdo de una forma
y su esperanza humilde, preservando
la sombra y la frescura. Y en el hondo
fluir, que es gratitud,
en la clara viveza
del agua en nuestra sed, las siento ahora
abiertas, ofrecidas, derramadas
tras la materia vieja de este cántaro.

XXXVIII

Son lentos nuestros ojos para ver
sin pausa la labor
del fuego en los sarmientos,
su ávida estatura,
la llama que preserva
en la apretada fiebre de sus ascuas.
Y dora ya la carne mientras corre
el vino y nos enciende,
y está mostrando todo en la blancura
reunida que se eleva
densa de aroma en el añil de agosto.
Pues somos este día
y es este nuestro haber:
la vida que se pierde
en humo jubiloso hacia la nada.

XXXIX

En la capa de polvo que acumulan
estos viejos aperos olvidados,
todavía persiste y resplandece
tanta clara labor;
todavía se ven
tantas manos remotas, convertidas
en nada, congregándose de nuevo,
aferrándose aún
a su costumbre,
obstinándose aún en su esperanza.

XL

Quisimos apropiárnoslas,
hallar junto a la llama
de su canto el abrigo,
la luz de una voz propia. Sin embargo,
muy pronto comprendimos nuestro error:
son nuestras las palabras cuando vemos,
más allá de sí mismas,
una lumbre común,
la herencia de una viva quemadura
en la pared del frío.

XLI

Qué clara está asomando nuestra urdimbre
en esta vieja alfombra. Más allá
de su color añoso, pueden verse
las manos olvidadas
que hilaron y tejieron sin descanso;
las tercas, sucesivas
y acumuladas manos ya deshechas.
Y, sin embargo, aún
reunidas y trenzadas contra el frío.

XLII

Todo está en esta flor
que se sostiene frente al viento
y la vastedad de la noche.

XLIII

A mi hija

Esta luz de mi infancia
se apagará conmigo y, sin embargo,
¿puedes verla en mis ojos
aunque sea un momento?,
¿puedes ver cómo alienta
aún en esta plaza en la que siempre
es domingo y el aire
se adensa en el olor de la cochura?
¿No oyes a través
de mi voz tantas voces que ya fueron?,
¿no oyes cómo vuelven,
cómo siempre regresan
porque nunca se han ido en realidad?,
¿cómo siguen hablándonos
todavía hasta ser
parte de nuestra voz?

Mañana no te olvides de los muertos
para saberte viva.

XLIV

Último pájaro que cruzas, ebrio
de altura y de fulgor,
el cielo de la tarde, ¿adónde va
el día, tú que llevas
en la luz de tu vuelo
el vuelo de la luz?

XLV

Largo velo de polvo que recubres,
sin que nos demos cuenta,
aquello que fue nuestro y que ya es
un recuerdo de nadie,
¿en qué luz tan liviana
arden los días?

ÍNDICE

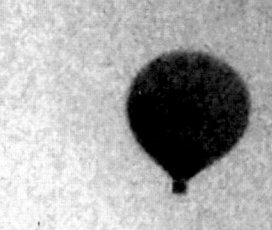

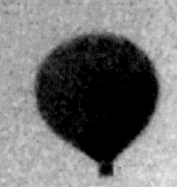